## この本を作るにあたって

　採用された皆さん、おめでとうございます。
　この本は、皆さんが入職されてハラスメントにあった時「どう対処するか」についての本です。
　しかし、その前に「ハラスメントとは何か」を知らなければ、本当にハラスメントにあったのかも分かりません。
　だから「ハラスメントについての知識を得ることで、健全な社会人生活をおくれるようにして頂きたい」との思いから書き上げました。
　消防吏員として新規採用される方へ向けての本ですが、警察官や海上保安官等の「公安職」と称される職種でも事情は同様ですので、その点から広く公安職へ採用された皆さんにも読んで頂きたいと願っております。
　そして、本書は教科書や参考書として、必要な事や感じた事を書き込んで頂き、一人ひとりにとっての良きハラスメント対策の書と成れば幸いです。
　尚、本書は一般職の方が読んで頂いても問題はありませんが、取り上げている事項や言及している内容が公安職向けとなっておりますので、一般職の方には該当しない部分も一部ありますことを、予め御了承ください。

JN205864

- 📖 **この本を作るにあたって** … 1

目次 … 2

序章 Harassment?

事例検討 … 6
自分自身を分析 … 18
　コラム こんなことありました **その1** … 24

ハラスメント Harassment?

I ▶ ハラスメントとは … 26

法定ハラスメント … 27
ハラスメントの特異性 … 28
指導等（指示、命令、指導）とハラスメントの違い … 31

Ⅱ ▶ パワーハラスメント … 35

パワハラの要件 … 35
６類型に沿った具体例 … 44
指導等とパワハラの違い … 47
私は良くても他人から見たら … 49
　コラム こんなことありました その2 … 50
　コラム こんなことありました その3 … 51
パワハラの事例検討 … 52
パワハラについて最後にひと言 … 76
　コラム こんなことありました その4 … 78

Ⅲ ▶ セクシャルハラスメント … 80

セクハラの要件 … 81
具体例 … 86
指導等とセクハラの違い … 88
私は良くても他人から見たら … 90
　コラム こんなことありました その5 … 91
セクハラの事例検討 … 92
セクハラについて最後にひと言 … 102
　コラム こんなことありました その6 … 104

Ⅳ ▶ ハラスメントとは何か … 105

外では無問題、中では問題 … 105

もう一つのハラスメント問題

- 防ごう 負のスパイラル … 110
- ハラスメントと犯罪の違い … 113
- ハラスメントを受けたら … 115
- 相談を受けたら … 116
  - コラム こんなことありました その7 … 118

最後に

- ハラスメントは起こらないようにするべき … 120
- ハラスメントは何処でも起きる … 121
- ハラスメントに遭わないようにするには … 121
- ハラスメントは今そこにある危機 … 123
- 選ばれたあなただからこそ … 124
  - コラム こんなことありました その8 … 126

あとがき … 127

毎日、マスコミの何処かに上がる「ハラスメント」。
馴染み深い言葉ですよね。
でも、その言葉の意味は御存知ですか？
その実態を皆さんは把握されていますか？
何となくは分かっているかも知れない「ハラスメント」。
そのハラスメントを理解する前に、ちょっとお付き合いください。

序章

序章

事例検討

　はじめに、ハラスメントについて勉強する前に、これから挙げる10件の事例について、それぞれハラスメントに該当するかどうかを考えてみてください。

　決して何かを調べるのではなく、皆さんが感じたままの判断で書き込んでください。

　そして「これはハラスメントだ」と感じたならば、どのような部分がハラスメントに当たるのかも考えて言葉にしてみてください。

　文字にする事で、自分の考えが可視化出来ます。

　事例は1つのページに、1事例づつ掲載してあります。

　それでは、事例検討をしてみましょう。

序章

事例 1

放水訓練後に、異性の同僚から

「その姿勢ではダメ」

と、問題点のある身体の部分を触られて姿勢を矯正された

その姿勢ではダメ

Q：この同僚の言動は、ハラスメントでしょうか？
A：_____
_____

Q：ハラスメントだとしたら、どの点がハラスメントでしょうか？
A：_____
_____
_____

7

序章

事例 2

仮眠時間中に、先輩に起こされて
「喉が渇いたから、ジュース買って来い」
と、命令された

Q：この先輩の言動は、ハラスメントでしょうか？
A：＿＿＿＿＿＿＿＿＿＿＿＿＿＿＿＿＿＿＿＿＿＿＿＿＿＿＿＿＿
　　＿＿＿＿＿＿＿＿＿＿＿＿＿＿＿＿＿＿＿＿＿＿＿＿＿＿＿＿＿

Q：ハラスメントだとしたら、どの点がハラスメントでしょうか？
A：＿＿＿＿＿＿＿＿＿＿＿＿＿＿＿＿＿＿＿＿＿＿＿＿＿＿＿＿＿
　　＿＿＿＿＿＿＿＿＿＿＿＿＿＿＿＿＿＿＿＿＿＿＿＿＿＿＿＿＿
　　＿＿＿＿＿＿＿＿＿＿＿＿＿＿＿＿＿＿＿＿＿＿＿＿＿＿＿＿＿

序章

事例 3

訓練塔の最上部にて降下訓練中に、係長から

「オイ、止まれ、バカ野郎」

と、突然に下から怒鳴られた

Q：この係長の言動は、ハラスメントでしょうか？
A：＿＿＿＿＿＿＿＿＿＿＿＿＿＿＿＿＿＿＿＿＿＿＿＿＿＿＿＿＿＿＿＿＿
　　＿＿＿＿＿＿＿＿＿＿＿＿＿＿＿＿＿＿＿＿＿＿＿＿＿＿＿＿＿＿＿＿＿

Q：ハラスメントだとしたら、どの点がハラスメントでしょうか？
A：＿＿＿＿＿＿＿＿＿＿＿＿＿＿＿＿＿＿＿＿＿＿＿＿＿＿＿＿＿＿＿＿＿
　　＿＿＿＿＿＿＿＿＿＿＿＿＿＿＿＿＿＿＿＿＿＿＿＿＿＿＿＿＿＿＿＿＿
　　＿＿＿＿＿＿＿＿＿＿＿＿＿＿＿＿＿＿＿＿＿＿＿＿＿＿＿＿＿＿＿＿＿

序 章

事例 4

三連はしごの架梯訓練中に、課長から
「**そんな足の使い方で事故が起きたらどうする**」
と、いきなり足で蹴られた

Q：この課長の言動は、ハラスメントでしょうか？
A：
_____
_____

Q：ハラスメントだとしたら、どの点がハラスメントでしょうか？
A：
_____
_____
_____

序章

屋内進入の訓練中に、署長から
「**基本も出来ないでどうする**」
と、防火帽の上から頭を叩（はた）かれた

Q：この署長の言動は、ハラスメントでしょうか？

A：＿＿＿＿＿＿＿＿＿＿＿＿＿＿＿＿＿＿＿＿＿＿＿＿＿＿＿＿＿＿＿＿＿＿＿
　　＿＿＿＿＿＿＿＿＿＿＿＿＿＿＿＿＿＿＿＿＿＿＿＿＿＿＿＿＿＿＿＿＿＿＿

Q：ハラスメントだとしたら、どの点がハラスメントでしょうか？

A：＿＿＿＿＿＿＿＿＿＿＿＿＿＿＿＿＿＿＿＿＿＿＿＿＿＿＿＿＿＿＿＿＿＿＿
　　＿＿＿＿＿＿＿＿＿＿＿＿＿＿＿＿＿＿＿＿＿＿＿＿＿＿＿＿＿＿＿＿＿＿＿
　　＿＿＿＿＿＿＿＿＿＿＿＿＿＿＿＿＿＿＿＿＿＿＿＿＿＿＿＿＿＿＿＿＿＿＿

食事中に、同僚から
「**よく食べるね。
そんなに食べたら太らない？**」
と、言われた

Q：この同僚の言動は、ハラスメントでしょうか？
A：＿＿＿＿＿＿＿＿＿＿＿＿＿＿＿＿＿＿＿＿＿＿＿＿＿＿＿＿＿＿＿＿＿＿＿
＿＿＿＿＿＿＿＿＿＿＿＿＿＿＿＿＿＿＿＿＿＿＿＿＿＿＿＿＿＿＿＿＿＿＿＿＿

Q：ハラスメントだとしたら、どの点がハラスメントでしょうか？
A：＿＿＿＿＿＿＿＿＿＿＿＿＿＿＿＿＿＿＿＿＿＿＿＿＿＿＿＿＿＿＿＿＿＿＿
＿＿＿＿＿＿＿＿＿＿＿＿＿＿＿＿＿＿＿＿＿＿＿＿＿＿＿＿＿＿＿＿＿＿＿＿＿
＿＿＿＿＿＿＿＿＿＿＿＿＿＿＿＿＿＿＿＿＿＿＿＿＿＿＿＿＿＿＿＿＿＿＿＿＿

序章

事例7　広報チラシを製作中に、異性の先輩から「**お疲れのようだね**」と、いきなり首や肩をマッサージされた

Q：この先輩の言動は、ハラスメントでしょうか？
A：_____
　　　_____

Q：ハラスメントだとしたら、どの点がハラスメントでしょうか？
A：_____
　　　_____
　　　_____

序章

事例8 課長からの指示で広報活動案を提案しても、係長から「**そんな案より、先任者の自分の言うとおりにやれ**」と、頭ごなしに否定された

Q：この係長の言動は、ハラスメントでしょうか？
A：＿＿＿＿＿＿＿＿＿＿＿＿＿＿＿＿＿＿＿＿＿＿＿＿＿＿＿＿＿＿＿＿＿
　　＿＿＿＿＿＿＿＿＿＿＿＿＿＿＿＿＿＿＿＿＿＿＿＿＿＿＿＿＿＿＿＿＿

Q：ハラスメントだとしたら、どの点がハラスメントでしょうか？
A：＿＿＿＿＿＿＿＿＿＿＿＿＿＿＿＿＿＿＿＿＿＿＿＿＿＿＿＿＿＿＿＿＿
　　＿＿＿＿＿＿＿＿＿＿＿＿＿＿＿＿＿＿＿＿＿＿＿＿＿＿＿＿＿＿＿＿＿

序章

事例 9　報告書を作成中に、課長から「こんな書類も満足に作れないのか。バカ」と、大きな声で叱責された

Q：この課長の言動は、ハラスメントでしょうか？

A：＿＿＿＿＿＿＿＿＿＿＿＿＿＿＿＿＿＿＿＿＿＿＿＿＿＿＿＿＿＿＿＿＿＿
　　＿＿＿＿＿＿＿＿＿＿＿＿＿＿＿＿＿＿＿＿＿＿＿＿＿＿＿＿＿＿＿＿＿＿

Q：ハラスメントだとしたら、どの点がハラスメントでしょうか？

A：＿＿＿＿＿＿＿＿＿＿＿＿＿＿＿＿＿＿＿＿＿＿＿＿＿＿＿＿＿＿＿＿＿＿
　　＿＿＿＿＿＿＿＿＿＿＿＿＿＿＿＿＿＿＿＿＿＿＿＿＿＿＿＿＿＿＿＿＿＿
　　＿＿＿＿＿＿＿＿＿＿＿＿＿＿＿＿＿＿＿＿＿＿＿＿＿＿＿＿＿＿＿＿＿＿

序章

事例 10

書類を作成し提出したところ、署長室に呼び出され
「**この程度の書類で何日使うつもりだ。
流石○○高校卒は違うな**」
と、笑われた

Q：この署長の言動は、ハラスメントでしょうか？
A：＿＿＿＿＿＿＿＿＿＿＿＿＿＿＿＿＿＿＿＿＿＿＿＿＿＿＿＿＿＿＿＿
　　＿＿＿＿＿＿＿＿＿＿＿＿＿＿＿＿＿＿＿＿＿＿＿＿＿＿＿＿＿＿＿＿

Q：ハラスメントだとしたら、どの点がハラスメントでしょうか？
A：＿＿＿＿＿＿＿＿＿＿＿＿＿＿＿＿＿＿＿＿＿＿＿＿＿＿＿＿＿＿＿＿
　　＿＿＿＿＿＿＿＿＿＿＿＿＿＿＿＿＿＿＿＿＿＿＿＿＿＿＿＿＿＿＿＿
　　＿＿＿＿＿＿＿＿＿＿＿＿＿＿＿＿＿＿＿＿＿＿＿＿＿＿＿＿＿＿＿＿

以上10事例について、皆さんの見解は出ましたでしょうか？

「こんな事が、職場では起きているのだろうか…」

心配しないでください。

全国に726設置されている消防本部でも、これら10事例が全て発生している組織は無いでしょう。

しかし、約16万人の消防職員が全国で活動していますから、そこではどうしても、これらの事例の１つ、または幾つかが発生してしまった消防本部は存在します。

だからと言って、どの消防本部でも必ずこの10事例のどれかが発生している訳でもありません。

あくまで、事例検討なので気持ちを楽にして検討して頂ければ幸いです。

そして、この事例検討では、正解を求めているのではなく、皆さん自身が「各事例に対してどのように受け止めているか」これを、確認する為の項目ですので、正誤については問いませんから安心してください。

自分自身を分析

次に、簡単なアンケート調査を致します。
この回答次第で、何か起きる訳ではありませんので、気軽にそして正直にお答えください。

Ⅰ：保護者との関係

1.1　厳しい口調で叱られたり、怒鳴られたりした事が有った

（はい・いいえ）

1.2　放任主義で叱られる事は無かった

（はい・いいえ）

1.3　叱られた時に、平手打ちや殴られた事が偶に有った

（はい・いいえ）

1.4　呼ばれて返事をしなくても問題は無かった

（はい・いいえ）

1.5　目上の人への態度や言葉使いについて注意された

（はい・いいえ）

序章

Ⅱ：兄弟との関係

2.1 　兄や姉とか歳上の従兄姉から理不尽な事をされた

（はい・いいえ）

2.2 　兄弟姉妹や従兄弟（従姉妹）との交流は無かった

（はい・いいえ）

2.3 　弟や妹とか歳下の従弟妹が贔屓されていた

（はい・いいえ）

Ⅲ：学校での関係

3.1 　クラブ活動で上下関係が厳しかった

（はい・いいえ）

3.2 　教師は学校で何があっても叱らない存在だった

（はい・いいえ）

3.3 　クラブ活動で先輩から理不尽な言動が結構有った

（はい・いいえ）

3.4 　誰に対してもラフな言葉使いで済ましていた

（はい・いいえ）

Ⅳ：職場での関係

4.1 　上司から厳しい叱責を受けた事が有った

（はい・いいえ）

4.2 　働いた経験は無い

（はい・いいえ）

4.3 　お金を稼ぐ事の厳しさを感じた事が有った

（はい・いいえ）

序 章

以上15問の設問に答えて頂きました。

　それでは、回答した数を以下のとおりで数えてください。

Ａ：質問番号が奇数

　　（1.1・1.3・1.5、2.1・2.3、3.1・3.3、4.1・4.3）
　　　　　　　　　　での「はい」の数は……＿＿＿＿　個

Ｂ：質問番号が偶数

　　（1.2・1.4、2.2、3.2・3.4、4.2）
　　　　　　　　　　　での「いいえ」の数は……＿＿＿＿　個

　ＡとＢを足した数が少ない程「パワーハラスメント」と感じる機会が多くなる傾向があります。

　逆に、ＡとＢを足した数が多い程「パワーハラスメント」と感じる機会が少なくなる傾向があります。

　奇数の設問で「はい」の数（Ａ）が少ない程、叱責や理不尽な言動に遭う経験が少ないので、先輩や上司から強い口調で指導や叱責をされた時に「パワーハラスメント」だと受け止め易いのです。

　しかし、奇数の設問で「いいえ」の数が多い程、叱責への耐性が出来易いので、先輩や上司からの強い口調で指導や叱責をされた時にも「パワーハラスメント」とは受け止め難いのです。

序章

　近年では、家庭環境や生活様式から

・子供の頃に親から強く叱られた事が無い
・一人っ子なので兄や姉から理不尽な暴力を受けた事が無い
・学校で部活に参加しなかったため上下関係と無縁
・アルバイト等の働いた経験が無いので仕事での失敗も無い

　このような状態のまま学校を卒業し、就職をされている方が増えています。
　その為に、職場で初めて歳上の他人と接し、他人から注意や叱責を初めて受ける例も増えています。

　それが要因となって、就職先で先輩から強い口調で注意をされたり、上司から厳しく叱責されたりすると「パワーハラスメントに遭った」と被害を受けた感覚になります。そして、それを問題として声を挙げる事で、今度は注意をした先輩や叱責した上司が加害者扱いされてしまいます。
　加害者扱いされた先輩や上司は、全く悪意も落ち度も無いのに加害者扱いされてしまうのですから、新たな被害者を産む事になります。
　もう、両者とも被害者となってしまい、当に「誰得？」な悲劇的な状態となってしまいます。
　また、被害感覚を声にせず、内に秘めている事で、メンタルヘルス不調に陥ってしまう可能性も否定できません。

序章

　本来ならばパワーハラスメントなんて起きていないのに、受け手の勘違いでハラスメント事案となってしまうのは、非常にもったいない事です。

　だからこそ、ハラスメントについて正しく学び知識を得る事で、何がハラスメントかを判断出来るようになって頂きたいのです。

　尚、只今の調査は、あくまで傾向を知る為のものなので、皆さんが必ず当てはまる訳ではありません。

　それでは、これから本題とも言えるハラスメントについて解説します。

　アンケート調査や意識調査を沢山受けていると、何となく正解や相手の求めている回答が推測出来たりします。
　それは面接試験でも似たような部分があります。
　筆者も某機関での採用面接で面接官の求めている回答は把握していましたが、自分自身ではそれよりも優先度が高いと思われる内容を返答したところ、面接官からズバリな質問をされてしまいました。
　当時は遅れて来た中二病チックな正義感を持った筆者は、その質問にも回答しましたが、それでも相手の望んでいる回答から逸らした内容でした。
　当然、不合格です。
　そんな時期もありましたが、皆さんは7ページからの「事例検討」や18ページからの「自分自身を分析」については、模範解答なんて考えずに、直観で答えてください。
　その方が、この後に登場するワークで役立つはずですから。

序章で各種事例への皆さんの感じ方を記して頂き、皆さん個々のハラスメント耐性への簡単な診断をして頂きました。

これでハラスメントについて理解をして頂く準備は整いました。

それでは、いよいよこの本の主題である「ハラスメント」について正しく理解する為に、その核心に迫ってみましょう。

ハラスメント

ハラスメント

Ⅰ▸ハラスメントとは

　ニュースを見ているとハラスメントに関する記事が毎日のように現れています。
　皆さんもこれまでハラスメントに関する情報に接触していたと思います。
　世の中に溢れるハラスメントに関する諸々の情報。
　では、ここでハラスメントに関して、認識の共通化を図ってみましょう。

　ハラスメントは一般的に「嫌がらせ」と訳されています。
　行為を受けた者が嫌悪感を抱く行為です。
　そして、ネット社会とも言える情報化社会で「○○ハラスメント」が、どんどん増殖しています。
　或る人が2018年頃に調べた時には32個でしたが、私が2021年に調べた時には119個もありました。
　まだまだハラスメントは増えています。
　それでは、それら100個以上のハラスメント全てが社会的に禁止されているのでしょうか？

ハラスメント

法定ハラスメント

　数え挙げたらキリがないハラスメントの種類ですが、それら全てに対して国は対応をしているのでしょうか？

厚生労働省資料からの引用と解説

　政府が法制化しているハラスメントは以下のとおりです。
（令和6年（2024年）9月1日 現在）

セクシャルハラスメント（セクハラ）：

　男女雇用機会均等法（雇用の分野における男女の均等な機会及び待遇の確保等に関する法律）

　令和2年（2020年）6月1日施行

マタニティハラスメント（マタハラ）：

　男女雇用機会均等法（雇用の分野における男女の均等な機会及び待遇の確保等に関する法律）

　育児介護休業法（育児休業、介護休業等育児又は家族介護を行う労働者の福祉に関する法律）

　令和2年（2020年）6月1日施行

　尚、厚生労働省では「妊娠・出産・育児休業等に関するハラスメント」と分類していますが、人事院では「妊娠、出産、育児又は介護に関するハラスメント」と産休育休に加え介護に関する部分も含ませています。

ハラスメント

パワーハラスメント（パワハラ）：

　パワハラ防止法（改正労働施策総合推進法＝労働施策の総合的な推進並びに労働者の雇用の安定及び職業生活の充実等に関する法律）

　パワハラ防止については令和２年（2020年）６月１日から施行（中小企業は令和４年（2022年）４月１日実施）

以上３つのハラスメントとされています。

ハラスメントの特異性

　ハラスメントの特徴としては、行なった者の故意や過失は関係無く、第一に受けた者の感じ方により決まります。
　例えば、あなたの言動に対して、友人から「お前バカじゃないか？」と言われた時と、仲の悪い人から「お前バカじゃないか？」と言われた時、嫌悪感はどうでしょうか？
　好きな人から「今度、私と食事に行きませんか？」と誘われるのと、嫌いな人から「今度、私と食事に行きませんか？」と誘われるのは、同じ受け止め方でしょうか？

　友人から「お前バカじゃないのか？」と言われても、嫌悪感なんて生まれないでしょうし、好きな人から「今度、私と食事に行きませんか？」に誘われたら嬉しいと思います。
　逆に、仲の悪い人から「お前バカじゃないか？」と言われたら、腹立たしいですし、嫌いな人から「今度、私と食事に

行きませんか？」と誘われても嫌だと思います。

「お前バカじゃないか？」も「今度、私と食事に行きませんか？」も発言者によって、受けた時の感情が違うのは当然ですが、これはハラスメントでも同じ事です。

同じ発言でも、発言者によって受け止め方が変わる。行為にしても、行為者によって受け止め方が変わる。

これはハラスメントでも同様です。同じ言動をしても、相手次第で変わってしまうのです。そして、これがハラスメントの恐い部分でもあります。

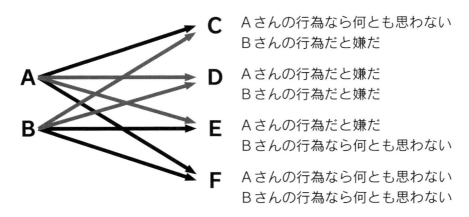

同じ行為でも、行為者と受け手の違いから受け止め方の違いが発生

ハラスメント

　勿論、受け手が「嫌だ」と感じたら、即「ハラスメントである」とはならず、最終的には職場・第三者機関・裁判所等の判断に委ねられます。

　また、直接的な受け手に限らず、その周囲の方々が「嫌だ」と感じてもハラスメントが成立する場合もあります。

　例えば、あなたが仕事でのミスを上司から事務室の中で1時間以上も大声で怒鳴られて叱責を受けていても、あなたは「自分がミスを犯したのだし、しっかりと叱ってくれる良い上司だ」と感じたとしても、同じ場所で働いている同僚達は「あの上司は大声で長時間怒鳴ってうるさくて気が散るし、耳にしなければならない私達は非常に不快」だと感じれば、これもパワハラとなる可能性があります。

B 　Aさんに叱責されても自分のミスだから仕方ない

A

C 　Aさんの叱責する長さや声の大きさとか言葉遣いが嫌だ

叱責されている本人と周囲の受け止め方が異なる場合もある

　要するに「（されている）あなたは嫌でなくても（そばに居る）私は嫌」という形のハラスメントも存在するのです。

ハラスメント

指導等（指示、命令、指導）とハラスメントの違い

消防（公安職）の特異性

消防（に限らず、警察や海上保安庁等の公安職も）の仕事は「人の生命や財産を危難から守り救う」ことです。

よって、活動現場は危険な場所である為に、自身の安全を図りつつ、市民の生命を守るのですから、咄嗟の判断ミスや知識技術の不足は誰かの生命を脅かす可能性が非常に高いと言えます。

そして一瞬の遅れが致命的な過ちになるからこそ、活動現場では経験や知識を有した上位者の指示命令が最も合理的であると考えられており、下の者は意見具申をするのではなく従う事が求められます。

だからこそ、階級制度が設けられており、上意下達の徹底した職場となっています。

入職したのはあなた

この職を選ばれた理由は「誰かの役に立ちたい」「格好良い」「地元で働きたい」「身分が安定している」「勧められて」皆さんいろいろ有ると思いますが、最終的に選んだのはあなた自身なのです。

今は情報化社会。印刷物や報道だけでなくインターネットを通じて、様々な事が調べられますから、どんな世界なのか

ハラスメント

も全く知らないで職業選択をする訳がありませんよね？

それならば、この職の厳しい部分についても納得をしている訳です。

消防は災害に立ち向かう、即ち危険と対峙する仕事です。

だからこそ、日頃の訓練は市民の命を守るだけでなく、自身の命を守る為でもあります。

小さなミスでも、それが受傷どころか命を落としかねない世界だからこそ、訓練も厳しくなります。そして、その訓練にも危険は潜んでいます。

その為に、訓練の時点から厳しい言葉が飛ぶこともあります。

皆さんは、強く叱られた時「もう絶対に二度としないようにしよう」と強く反省したことはありませんか？

厳しく指導され「今でも忘れてない」そんな事柄はありませんか？

厳しい指導や怒鳴りつける事が常に正しい訳ではありません。

しかし、同じミスを何度も繰り返したり、受傷事故に至るようなミスならば、罵声が飛んだり、強い言葉で叱責されても止むを得ないでしょう。

「訓練は実戦のように。実戦は訓練のように」

との格言もありますから、訓練の時の厳しさはきっと災害活動等で役立つはずです。

　反対に、大きなミスに対しても優しい言葉だけで、強い叱責も受けずに訓練が続くとか、多少のミスは大目に見たりされていたら、どうでしょうか？

　詳細の部分まで完全に覚える事が出来ないまま、先輩や上司と言う指導的な立場になってしまうかも知れません。
　きちんと覚えていない事を他人に指導出来るのでしょうか？
　その指導でも「優しい言葉だけで強い叱責をしない」「多少のミスは大目に見る」ようにしていたら、指導される側は、どうなるでしょうか？

　段々に知識や技能を身に付けられない者が増えていってしまうでしょう。
　知識や技能が身に付かないまま、活動をすると言う事は何を意味するか、もう皆さんならお分かりだと思います。

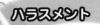

ハラスメント

拙い技量への負のスパイラル

指導時のパワハラ防止へ過剰な配慮から指導者が「萎縮」する

⬇

「萎縮」から「緩い指導」となる

⬇

「緩い指導」から「拙い技量」の吏員が生まれる

⬇

「拙い技量」の吏員がパワハラ防止で「萎縮」する

⬇

「萎縮」から拙い技量での「緩い指導」となる

⬇

拙い技量による「緩い指導」から更に「拙い技量」の吏員が生まれる

⬇

更に「拙い技量」の吏員がパワハラ防止で「萎縮」する

︙

ハラスメント

Ⅱ▶パワーハラスメント

　消防の職場で最も多いハラスメントがパワーハラスメント（以後、パワハラと称します）です。

　そして、公安職でも最も多いハラスメントであり、他の官公庁や民間企業でも相当な発生件数があります。

　発生件数の多さは、被害者数の多さとも言え、健全な職場環境を乱す大きな問題です。

パワハラの要件

厚生労働省による説明

　厚生労働省のホームページに掲載されております「職場におけるハラスメントの防止のために」における「職場におけるパワーハラスメントについて」の項目によると、

　職場において行われる

① 優越的な関係を背景とした言動であって

② 業務上必要かつ相当な範囲を超えたものにより

③ 労働者の就業環境が害されるものであり

①～③までの要素をすべてみたすもの。

※客観的にみて、業務上必要かつ相当な範囲で行われる適正な業務指示や指導はパワハラに該当しない。

35

ハラスメント

　そして、職場におけるパワーハラスメントについて、裁判例や個別労働関係紛争処理事案に基づき、次の6類型を典型例として整理しています。

　⑴　身体的侵害

　⑵　精神的侵害

　⑶　人間関係からの切り離し

　⑷　過大な要求

　⑸　過小な要求

　⑹　個の侵害

　なお、これらは職場のパワーハラスメントに当たりうる行為のすべてについて、網羅するものではないことに留意する必要があります。

　職場のパワハラの概念について、厚生労働省では平成29年（2017年）に「職場のパワーハラスメント防止対策に関する検討会」を設け、その報告書において、以下の1から3までの要素のいずれも満たすものを職場のパワハラの概念として整理しました。

ハラスメント

職場のパワハラの概念

	要素	意味	当てはまる行為の主な例
1	優越的な関係に基づいて（優位性を背景に）行われること	○ 当該行為を受ける労働者が行為者に対して抵抗又は拒絶することができない蓋然性が高い関係に基づいて行われること	○ 職場上の地位が上位の者による行為 ○ 同僚又は部下による行為で、当該行為を行う者が業務上必要な知識や豊富な経験を有しており、当該者の協力を得なければ業務の円滑な遂行を行うことが困難であるもの ○ 同僚又は部下からの集団による行為で、これに抵抗又は拒絶することが困難であるもの
2	業務の適正な範囲を超えて行われること	○ 社会通念に照らし、当該行為が明らかに業務上の必要性がない、又はその態様が相当でないものであること	○ 業務上明らかに必要性のない行為 ○ 業務の目的を大きく逸脱した行為 ○ 業務を遂行するための手段として不適当な行為 ○ 当該行為の回数、行為者の数等、その態様や手段が社会通念に照らして許容される範囲を超える行為
3	身体的若しくは精神的な苦痛を与えること、又は就業環境を害すること	○ 当該行為を受けた者が身体的若しくは精神的に圧力を加えられ負担と感じること、又は当該行為により当該行為を受けた者の職場環境が不快なものとなったため、能力の発揮に重大な悪影響が生じる等、当該労働者が就業する上で看過できない程度の支障が生じること ○ 「身体的若しくは精神的な苦痛を与える」又は「就業環境を害する」の判断に当たっては、「平均的な労働者の感じ方」を基準とする	○ 暴力により傷害を負わせる行為 ○ 著しい暴言を吐く等により、人格を否定する行為 ○ 何度も大声で怒鳴る、厳しい叱責を執拗に繰り返す等により、恐怖を感じさせる行為 ○ 長期にわたる無視や能力に見合わない仕事の付与等により、就業意欲を低下させる行為

ハラスメント

職場のパワーハラスメントの概念と職場のパワーハラスメントに当たりうる6類型との関係性

		パワハラと考えられる行為	パワハラと考えられない行為
6類型	身体的な攻撃	・上司が部下に対して、殴打、足蹴りをする	・業務上関係のない単に同じ企業の同僚間の喧嘩（①、②に該当しないため）
	精神的な攻撃	・上司が部下に対して、人格を否定するような発言をする	・遅刻や服装の乱れなど社会的ルールやマナーを欠いた言動・行動が見られ、再三注意してもそれが改善されない部下に対して上司が強く注意をする（②、③に該当しないため）
	人間関係からの切り離し	・自身の意に沿わない社員に対して、仕事を外し、長期間にわたり、別室に隔離したり、自宅研修させたりする	・新入社員を育成するために短期間集中的に個室で研修等の教育を実施する（②に該当しないため）
	過大な要求	・上司が部下に対して、長期間にわたる、肉体的苦痛を伴う過酷な環境下での勤務に直接関係のない作業を命ずる	・社員を育成するために現状よりも少し高いレベルの業務を任せる（②に該当しないため）
	過小な要求	・上司が管理職である部下を退職させるため、誰でも遂行可能な受付業務を行わせる	・経営上の理由により、一時的に、能力に見合わない簡易な業務に就かせる（②に該当しないため）
	個の侵害	・思想・信条を理由とし、集団で同僚1人に対して、職場内外で継続的に監視したり、他の従業員に接触しないよう働きかけたり、私物の写真撮影をしたりする	・社員への配慮を目的として、社員の家族の状況等についてヒアリングを行う（②、③に該当しないため）

① 優越的な関係に基づいて行われること
② 業務の適正な範囲を超えて行われること
③ 身体的若しくは精神的な苦痛を与えること、又は就業環境を害すること

人事院による説明

人事院のホームページでのハラスメント防止でパワー・ハラスメントの項目によると、

職務に関する優越的な関係を背景として行われる、業務上必要かつ相当な範囲を超える言動であって、職員に精神的若しくは身体的な苦痛を与え、職員の人格若しくは尊厳を害し、又は職員の勤務環境を害することとなるようなもの

● 「職務に関する優越的な関係を背景として行われる」言動
　「職務に関する優越的な関係を背景として行われる」言動とは、当該言動を受ける職員が行為者に対して抵抗又は拒絶することができない蓋然性が高い関係を背景として行われるものをいいます。

● 「業務上必要かつ相当な範囲を超える」言動
　「業務上必要かつ相当な範囲を超える」言動とは、社会通念に照らし、当該言動が明らかに業務上必要性がない又はその態様が相当でないものをいいます。このような言動に該当するか否かは、具体的な状況（言動の目的、当該言動を受けた職員の問題行動の有無並びにその内容及び程度その他当該言動が行われた経緯及びその状況、業務の内容及び性質、当該言動の態様、頻度及び継続性、職員の属性及び心身の状況、当該言動の行為者との関係性等）を踏ま

えて総合的に判断します。例えば、一瞬のちゅうちょが人命に関わる場面では、厳しい指示・指導を行うことはパワハラには当たらない場合もあり得ますが、そのような場面が生じることがある職種であっても、そのような切迫性がない場面における言動については、その場面における「業務上必要かつ相当な範囲」を超えたかどうかの判断を行うことになります。職種によって判断基準が異なるものではなく、他の職場においてパワハラとされるものが個別の職場の風土によっては許容されるというものではありません。

●場所的・時間的な範囲

パワハラは、行為者と受け手の関係性に着目した概念であり、言動が行われる場所や時間は問いません。

パワハラになり得る言動

パワハラになり得る言動として、例えば、次のようなものがあります。

1 暴力・傷害

・書類で頭を叩く。

・部下を殴ったり、蹴ったりする。

・相手に物を投げつける。

ハラスメント

2 暴言・名誉毀損・侮辱
- 人格を否定するような罵詈雑言を浴びせる。
- 他の職員の前で無能なやつだと言ったり、土下座をさせたりする。
- 相手を罵倒・侮辱するような内容の電子メール等を複数の職員宛てに送信する。（注）「性的指向又は性自認に関する偏見に基づく言動」は、セクシュアル・ハラスメントに該当するが、職務に関する優越的な関係を背景として行われるこうした言動は、パワハラにも該当する。

3 執拗な非難
- 改善点を具体的に指示することなく、何日間にもわたって繰り返し文書の書き直しを命じる。
- 長時間厳しく叱責し続ける。

4 威圧的な行為
- 部下達の前で、書類を何度も激しく机に叩たき付ける。
- 自分の意に沿った発言をするまで怒鳴り続けたり、自分のミスを有無を言わさず部下に責任転嫁したりする。

5 実現不可能・無駄な業務の強要
- これまで分担して行ってきた大量の業務を未経験の

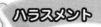

部下に全部押しつけ、期限内に全て処理するよう厳命する。
・緊急性がないにもかかわらず、毎週のように土曜日や日曜日に出勤することを命じる。
・部下に業務とは関係のない私的な雑用の処理を強制的に行わせる。

6　仕事を与えない・隔離・仲間外し・無視

・気に入らない部下に仕事をさせない。
・気に入らない部下を無視し、会議にも参加させない。
・課員全員に送付する業務連絡のメールを特定の職員にだけ送付しない。
・意に沿わない職員を他の職員から隔離する。

7　個の侵害

・個人に委ねられるべき私生活に関する事柄について、仕事上の不利益を示唆して干渉する。
・他人に知られたくない職員本人や家族の個人情報を言いふらす。

（注）第1号から第7号までの言動に該当しなければパワハラとならないという趣旨に理解されてはならない。

ハラスメント

※人事院では「パワー・ハラスメント」「セクシャル・ハラスメント」と表記されています

厚生労働省と人事院の説明の相違点

厚生労働省の分類と人事院の分類に相違点があるのが読み取れるでしょう。

両者の相関関係は以下のとおりです。

厚生労働省による分類　　　　　　　**人事院による分類**

厚生労働省による分類	人事院による分類
身体的な攻撃	暴力・傷害
精神的な攻撃	暴言・名誉毀損・侮辱
人間関係からの切り離し	執拗な非難
過大な要求	威圧的な行為
過小な要求	実現不可能・無駄な業務の強要
個の侵害	仕事を与えない・隔離・仲間外し・無視
	個の侵害

43

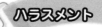

6類型に沿った具体例

　常備消防におけるハラスメントについては、総務省消防庁が平成29年（2017年）3月に「消防職員向けハラスメントの実態調査」を行っております。
　この調査における回答に記された具体的事例をパワハラ6類型に分類すると

1．身体的な攻撃
- 先輩に胸ぐらを掴まれ、壁に押し付けられ、怒鳴られた。精神的苦痛でモチベーションが下がった
- 飲み会の席で殴られた
- 三連梯子の訓練にミスをし、上司に怒鳴られ、お尻を強く2回蹴られた
- 必要以上に御飯を盛られ食べられなければ殴られる
- 理不尽な食事摂取

2．精神的な攻撃
- 上司が見下した態度で日常的に侮辱を受ける
- 上司からの、指導の域を超えていると思われる暴言
- 「向いていない」「辞めた方がいい」と言われた
- 「顔からして馬鹿」と言われた
- 会議において机を叩き、声を荒げて叱責された

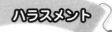

3．人間関係からの切り離し
- 気に食わない職員に対して、挨拶しない、無視する
- 以前、勤務していた先輩が数年前より突然、挨拶などをしても無視されるようになった

仲間外し：
- 部にグループが出来ており、その仲間になっていないと会話に入れない
- 訓練後、自分だけ食事に誘ってもらえなかった

4．過大な要求
- 遂行困難な想定訓練、経験の無い困難な仕事をアドバイス無く預けられ一人でこなすよう命じられたことがある
- 必要以上の腕立て伏せ
- 無理な業務量を押し付けられ、出来ずに超過勤務を申請すると認められない
- 当日割り当てられた勤務内容以外の勤務の強要。「『一番下なんだから気を使って全部の仕事をやります』って言え」と強要される
- 他にも職員がいるのに私にだけ仕事を押し付けてくる

5．過少な要求
- 仕事を与えられない。何をやるか知らされず知らない間に事務室に誰もいなくなってしまい、一人ぼっちになってしまう
- 業務以外の雑用ばかり命じられる

ハラスメント

6．個の侵害

・私的なことに関しての過度な質問
・非番に飯に行くことを強要される等
・家庭内のことに対して嫌みな事を言われたことがある

　上記の実例から、職場で立場の弱い者が被害者に成り易いので、若年者が被害に遭い易いと言えるでしょう。

ハラスメント

指導等とパワハラの違い

「上司から強い口調で指導された私は嫌悪感を抱いたのでパワハラ被害者です」

こう言い切れば、とりあえずパワハラが成立する第一歩を踏み出した事になります。

しかし、受けた側が嫌悪感を抱いたら何でもハラスメントなのでしょうか？

誰だって叱られたくないです。

ミスに対する叱責を受けて、反省こそすれ、快感を覚える人は居ないと思います。まして、職場で同僚や後輩等が居る時に大声で叱責なんてされたい人は皆無です。

パワハラ防止の一つの方策として「別室に行く等の他の人の目が届かない場所で個別に伝えるのが基本」との説もありますが、叱責の度に別室へ移動するのは非効率でもあります。

また、そのような別室が必ず使えるとは限りません。別室が無いからと叱責を後回しにするのは愚の骨頂です。

ミスの度に個室へ呼ばれて、上司と二人きりになって穏やかに叱責されるなんて期待はしない方が良いです。現実社会では、ミスをしたあなたの悔しさや恥ずかしさなんて配慮されず遠慮無く叱責されます。

47

ハラスメント

　その悔しさから反省をし、再発防止に至るのです。

　そして、人は感情の動物でもありますので、叱責する際に感情が籠もってしまう場合も多々あります。それは褒められた事ではありませんが、叱責した人が感情的になってしまった事を責めるより、そのように感情的な言動にさせてしまった原因を考えてみましょう。

　叱責や指導を受けた時に嫌悪感を抱いたので「パワハラを受けた」と判断するのは早計です。

　先ずはあなた自身のミスを顧みてください。

　ハラスメントは先に説明したとおりです。

　「パワハラだ」と感じたならば、37ページから挙げたパワハラの要件に該当するか冷静に検討してみてください。

　また、昨今の風潮として、職場内での問題をハラスメントにしてしまう傾向があります。

　マスコミも

「職場内で上司と部下のトラブル」

と報じるより

「職場内でパワハラ」

とした方が、耳目を集め易いからでしょう。

ハラスメント

私は良くても他人から見たら

「自分が問題視しないし誰の迷惑にもなっていない」と思っているのは、自分である「あなた」だけで、周囲は困惑しているかも知れません。

仮に、あなたが大きなミスをし、執務室で上司から大きな声で長時間叱責を受けたとして、職場の他の人が嫌悪感を抱けばパワハラになり得る説明は先に致しました。

それでは、職場の人達も許容していたら、それで済むのでしょうか？

あなたが叱責されている場面を他部署の方や第三者が目にしたらどうでしょうか？

「あの上司はパワハラ上司だ」「あの職場ではパワハラが平然と行われている」そんな受け止め方をするかも知れません。

この事例はパワハラではありませんが、パワハラ同様の事案と理解してください。

こんなことありました その2

　総務省消防庁が実施した「消防職員向けハラスメントの実態調査」の回答用紙に記された具体的事例を目にして、「本当にこんな事が起きているのか？」と、筆者自身もにわかには信じがたい思いでした。

　筆者が警備会社に入社した当時は、まだ昭和の香りがする上司も散見されましたが、退職するまで具体例のような事案は耳にしたことがありませんでした。

　採用試験に合格した公務員が、こんな無茶や無謀な事をするとは想像出来ませんでしたが、注意深く報道に目を配ると、公安職のハラスメントに関しては報じられていない週はありません。

　消防に関しても、それなりの件数が報じられていますし、報じられていないハラスメント事案も有ります。

　筆者が消防本部に於いてハラスメントに関する講演の講師を受けたのも、その中の報じられていないハラスメント事案がきっかけでした。

こんなことありました その3

　筆者の警備会社員時代に配属された事業所には応接用の個室がありました。しかし、この部屋は別名「説教部屋」と呼ばれており、不始末を犯した社員が上司に呼び出されて叱責される部屋でもありました。

　もちろん、これは叱責する側も叱責される側も周囲に気を遣わずに済むという配慮もあったと思いますが、中で何が行われているのか語る者は誰一人として居ませんでした。

　筆者も一度だけ、この「説教部屋」へ上司に連れて行かれた事があります。

　呼ばれた時、筆者には叱られる心当たりが全くありませんでしたが、それでも「何を説教されるのだろう」と、ドキドキが止まらないまま説教部屋へ入りました。

　説教部屋から解放された筆者は、周囲の者達から「何があったの？」との質問攻めに遭いました。

　実は、本社から筆者を指名して急遽に遠方の所属へ長期間支援の派遣要請があり、上司はその理由が知りたかったのと筆者がその派遣を本当に受けられるのかを打診されただけでした。

ハラスメント

［パワハラの事例検討］

　パワハラについて学んでいただきました。
　そこで、本書の事例検討（7ページから16ページ）で検討した事例のうち、パワハラに当たると思われる事例を再度ここに挙げます。
　これらの事例がパワハラに当たるかもう一度検討してみて［あなたの見解］として、挙げてみてください。
　そして、パワハラに当たるならば
［理由等］として
　「何処のどのような行為がパワハラに当たるか」
　「どのような言動ならパワハラにならなかったか」
も挙げてみてください。
　逆にパワハラに当たらないならば
［理由等］として
　「何故パワハラとならないか」
その理由を挙げてみてください。
　どちらともいえないなら、その理由を挙げてください。
　そして、ページをめくると事例に対する見解等が記されていますので、御自身のお考えと比較してみてください。
　尚、事例番号は比較し易いように7ページからの事例検討と同じにしてあります。
　また、ここでの検討事例はパワハラのみなので、セクハラ事例は別途に検討する為に、事例1・6・7は欠番となっています。

2）仮眠時間中に、先輩に起こされて

　　　「喉が渇いたから、ジュース買って来い」

　と、命令された

○あなたの見解：
　　パワハラに（なる・ならない・どちらともいえない）

○理由等：

_____
_____
_____
_____

ハラスメント

〇筆者の見解：

 パワハラに当たるでしょう

〇理由：

　ジュースを買って来るのは、一般的に業務の一環ではありません。

　そもそも仮に先輩が奢ってくれたとしても、仮眠時間とは身体を休ませて、以後の活動に備える時間です。

　いわば、仮眠時間は安全の為の大切な時間と言えます。

　それを自分の個人的な用事の為に仮眠中の者を起こす事は権利の侵害であると共に、業務妨害と言えるでしょう。

　あなたがジュースを買いに行くから、先輩もそれならば「自分の分もついでに買って来て」と依頼するのは、社会通念上は許される行為です。勿論、先輩の分は先輩が支払うのは当然の事です。

因って、この先輩の行為は
　(1)　優越的な関係を背景とした言動であって
　(2)　業務上必要かつ相当な範囲を超えたものにより
　(3)　労働者の就業環境が害されるものであること
を全て満たし、

類型４．の「過大な要求」
に該当すると言えるでしょう。

ハラスメント

○被害に遭わない為には：

　こう言う使い走りのような事は、日常から発生している場合が少なくありません。

　先輩や上司の私的な頼み事を引き受けざるを得ない場合もありますが、度を過ぎる場合は、同僚や他の上司に相談をすることも必要です。

○パワハラにしない為には：

　部下や後輩は召使いや下僕ではない事を肝に銘じた上で日頃から接するのは当然です。

　それを実行していれば、自ずと次の事が導き出されるはずです。

　業務外で仮眠中の者を起こさない。

　私用を他人に依頼しない。

ちょっと一言

　公安職は運動部や体育会出身の方が多いこと。また、指揮命令系統が確立しており「上意下達」がハッキリとしている職場だけに、業務執行中以外の休憩時間や仮眠時間でも、上下関係を持ち込んでしまう上司や先輩が存在します。

　この関係性が良い面で発揮される場合と、悪い面で発揮されてしまう場合があります。

　事例２）に登場する先輩に対して、ここでは先輩が悪意を持っての言動なのかは敢えて言及していないのは、例え仲間意識を持っての言動だとしても、やはり仮眠時間中に休息している者を私用で起こすのは、起こされた者の睡眠不足を招き、これが事故に至れば大問題になるので、

「善意悪意に関わらず仮眠中の部下や後輩を私用で起こすのはパワハラである」

との見解を出しました。

3）訓練塔の最上部にて降下訓練中、係長から

「オイ、止まれ、バカ野郎」

と、突然に下から怒鳴られた

○あなたの見解：
　パワハラに（なる・ならない・どちらともいえない）

○理由等：

ハラスメント

○筆者の見解：

○理由：
　誰だって怒鳴られたくもないですし、バカと言われたくもないでしょう。
　しかし、降下訓練は大きな危険を伴います。
　ロープやカラビナの使い方を間違えれば、墜落して大事故に至る可能性もあります。
　勿論、事故防止の為にマットや命綱も併用しますが、それに頼って安全を疎かにして良い訳ではありません。
　上司である係長は、危険を察知し、降下を止めさせたいが為に、咄嗟に大声を出し、その時につい本音も出てしまった可能性が高いです。

○パワハラにしない為には：
　最後のひと言「バカ野郎」は余計かも知れません。
　しかし、教わったとおりの行動が出来ていなければ叱責されても当然です。
　「『バカ野郎』と言われたからパワハラだ」ではなく、何故そのように自分が言われてしまったのかも考えてみてはいかがでしょうか？

4）三連はしごの架梯訓練中に、課長から

「そんな足の使い方で事故が起きたらどうする」

と、いきなり足で蹴られた

○**あなたの見解：**
　パワハラに（なる・ならない・どちらともいえない）

○**理由等：**

ハラスメント

○筆者の見解：

 パワハラに当たるでしょう

○理由：

　蹴っている。即ち、足を使っている点が最も問題です。一般的に資機材は手を使って取り扱います。それを足で扱ったらどうでしょうか？
「ホースを手で巻くのが大変だから足で転がす」
「置いてある小綱が邪魔だから足で払う」
　このような事をしているのを見つかったら必ず叱られます。所属によっては
「愛護の精神が足りない。腕立て伏せ〇〇回」
と罰が与えられる場合もある程です。
　そのくらいに、足で扱うと言うのは悪い事なのです。
　資機材の扱いに対して足を使うのが悪い事ならば、人に対してだって悪い事なのです。
　蹴ると言う行為は、単なる暴力だけでなく、相手の人格をも否定する行為と言えます。

因って、この課長の行為は
　（1）　優越的な関係を背景とした言動であって
　（2）　業務上必要かつ相当な範囲を超えたものにより
　（3）　労働者の就業環境が害されるものであること
を全て満たし、

類型1．の「身体的な攻撃」
に該当すると言えるでしょう。

○被害に遭わない為には：

　ミスをしない事…これでは身も蓋もありませんね。
　このような暴力行為も「この程度なら許される」と軽く見ている昔気質な公安職は少なくありません。それは「自分達もやられて来た」そんな経緯もあるでしょう。
　しかし、蹴る行為は明らかに暴力ですので、そのような行為を受けたならば、同僚か当該課長以外の上司に相談しましょう。

○パワハラにしない為には：

　口頭での注意だけならば問題は無いでしょう。但し、口頭だけでは言葉足らずの部分が出てしまう場合もありますので、時には手を使って
「どちらの足が悪いのか相手の足に触れる」
とか
「どのような足の使い方をすれば良いのか相手の足を動かして矯正する」
ことで指導効果を高められるでしょう。すでに個対個の信頼関係が築けているならば、相手の足の問題の部分を軽く叩く程度ならパワハラに至らないと言えるでしょう。

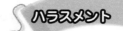

ちょっと一言

　「つい、カッとなって」

　暴力事件の時の犯行原因にも出て来る言い訳ですが、世の中は聖人君子ばかりではありません。それどころか、聖人君子なんて不在ではないでしょうか？

　だから「つい、カッとなって」は、いつでも、誰でも起こりうる感情と言えます。

　パワハラ事案に於ける「つい、カッとなって」を擁護する気はありませんが、事例２）に登場する課長も果たして悪意があったのか、敢えて言及はしていません。

　それは、悪意の有無に関わらず、例え部下や後輩であっても、人格を傷つける事があってはならないですから、蹴ると言う「足を使う行為」をした段階で、

「相手の人格を蹂躙しているので、パワハラである」

との見解を出しました。

5）屋内進入の訓練中に、署長から

「基本も出来ないでどうする」

と、防火帽の上から頭を叩（はた）かれた

○あなたの見解：
　パワハラに（なる・ならない・どちらともいえない）

○理由等：

_____
_____
_____
_____

ハラスメント

〇筆者の見解：

 パワハラに当たらないでしょう

〇理由：

　「叩く」を「はたく」と読むか「たたく」と読むかの国語的な違いですが、これを実際に動作にした場合、「はたく」は平手で当てる、「たたく」は強い衝撃を与えるとなります。同じ打つ動作でも軽重の差があります。

　さて、当該事例では「はたく」なので、防火帽の上から強く打たれている訳ではありません。注意喚起の意味も含めての動作と解釈して構わないでしょう。

〇パワハラにしない為には：

　叩（はた）く行為も、その力加減とか、上下関係や日頃の人間関係で受ける印象は変わりますし、直接身体への行為か何かを介しての行為かでも受ける印象は変わるでしょう。

　行う側も受ける側も、この関係性を鑑みて判断することが大切です。

8) 課長からの指示で広報活動案を提案しても、係長から

「そんな案より、先任者の自分の言うとおりにやれ」

と、頭ごなしに否定された

○あなたの見解：
　パワハラに（なる・ならない・どちらともいえない）

○理由等：

ハラスメント

○筆者の見解：

 パワハラに当たるでしょう

○理由：
　課長は係長にとっても上司なのですから、その上司の指示命令に基づく部下の行為に対して、頭ごなしに否定するのは、部下に対して係長の立場を利用した越権行為と言えます。

因って、この係長の行為は
　(1)　優越的な関係を背景とした言動であって
　(2)　業務上必要かつ相当な範囲を超えたものにより
　(3)　労働者の就業環境が害されるものであること
を全て満たし、
類型２．の「精神的な攻撃」
に該当すると言えるでしょう。
　また、課長から指示された業務を係長が取り消している点から
類型５．の「過小な要求」
との解釈も出来ます。

○被害に遭わない為には：
　「係長より上席である課長の命令でやっています」と正論で返しても、相手はそれを承知で言っている可能性もあ

ハラスメント

ります。

侮辱されて悔しい気持ちもあるでしょうけど、ここは一旦危害を避ける意味で係長の指示に従った方が無難です。

その上で、課長には事の経緯を説明し、自分自身は課長の命令に従おうとしたが、係長に阻まれた事を伝えましょう。

○パワハラにしない為には：

係長は部下の行為の理由について確認してから、注意や指導を行う必要があります。

上司は部下が自分の指示に従っていないとしても、叱責する前に指示に従わなかった理由を確認する必要があります。なぜなら、上司より更に上席者が何か別の指示を与えている可能性や、部下にとって急を要する事態が発生している可能性もあるからです。

ちょっと一言

　上司や先輩は業務の経験者の場合が多いので、その業務に対する経験や成功体験を持っている場合もあるでしょう。
　また、部下や後輩が別途に指示を受けている事を知らない場合や失念している場合もあります。
　だから、新人や未経験者の言葉に耳を貸さず
　「自分の指示どおりにしていれば良い」
とか
　「新人のくせに生意気言うな」
と、頭ごなしに対応して来る上司や先輩も居るでしょう。
　事例8）では、課長から指示を係員が直属の上司である係長から

**「『自分の言うとおりにしろ』と強引に
命令をしているのでパワハラである」**

との見解を出しました。

9）報告書を作成中に、課長から

「こんな書類も満足に作れないのか。バカ」

と、大きな声で叱責された

○あなたの見解：
　パワハラに（なる・ならない・どちらともいえない）

○理由等：

_____
_____
_____
_____

○筆者の見解：

 パワハラに当たらないでしょう

○理由：
　大声で叱責されるのですから、職場内にも聞こえてしまい、恥ずかしい思いをしなければなりません。
　しかも、叱責された上に「バカ」と言われれば人格が傷付いても不思議ではありません。
　作成している書類が初めての書類ならば時間を要するかも知れません。知識技能に応じて所要時間も変わって当然です。
　しかし、作業にどのくらいの時間を要しているかについても、叱責時に加味されるべきでしょう。本事例では、その点については言及しておりませんので、余りにも長時間であれば叱責されて当然とも言えます。
　そして、この１回の叱責だけで「パワハラだ」とは言えないでしょう。
　ところが、当該課長が誰に対しても、また些細な事でも、大きな声で叱責をし、侮蔑的な言葉も用いるようであれば、それは職場環境を悪化させる要因になりますので、パワハラに該当する可能性はあります。

○パワハラにしない為には：
　叱責をする時に感情が込められると大きな声になりがち

です。大きな声での叱責を当事者以外が耳にしても大概は良い気持ちが起こらないどころか、嫌悪感を催すでしょう。

それは、侮蔑の言葉を耳にした時も同様です。

叱責時に「大声を出さない」「侮蔑の言葉を使わない」これもパワハラ防止の一つになります。

ハラスメント

ちょっと一言

　上司や先輩等の経験者にとっては簡単な仕事でも、未経験の新人にとっては初めての仕事なので、完了までに時間を要したり、不備な箇所が発生したりする可能性はあるでしょう。

　必要以上に時間を要したり、仕事への不備を容認する訳ではありませんが、発生してしまう事はやむをえません。

　しかし、仕事である以上は、相応の内容を求められてしまうのもまた当然の事です。

　部内では「新人だから」で許されたとしても、部外では「新人」と言う免罪符はありません。

　頭ごなしに大きな声で叱責するのも、短絡的と言えますが、そう言う上司や先輩も少なからず存在します。

　そして、そんな人達とも上手に付き合っていくのも、また社会人としての必要な能力と言えましょう。

10) 書類を作成し提出したところ、署長室に呼び出され

「この程度の書類で何日使うつもりだ。　　　　　　　　　　　　　　　　流石〇〇高校卒は違うな」

と、笑われた

〇あなたの見解：

　パワハラに（なる・ならない・どちらともいえない）

〇理由等：

_____

_____

_____

_____

○筆者の見解：

 パワハラに当たるでしょう

○理由：
　採用試験を合格し「一定の学力を有している」と採用者から判断されているのですから、叱責に関して学歴は無関係にするべきです。

因って、この署長の行為は
　（1）　優越的な関係を背景とした言動であって
　（2）　業務上必要かつ相当な範囲を超えたものにより
　（3）　労働者の就業環境が害されるものであること
を全て満たし、
６．の「個の侵害」
に該当すると言えるでしょう。

○被害に遭わない為には：
　自身の学歴に自信が無かったり、他人の学歴をうらやんでいる時に相手の学歴に対して皮肉を言う場合が多いです。
　また、日頃から自身の学歴に根拠無き自信を持っている場合も同様です。
　他には「学歴を鼻に掛けている」と受け止められている場合にも、「いつかその鼻を折ってやろう」とその機会を

狙っている場合もあります。

　どれにしても言われて悔しいのは当然ですが、こう言う皮肉を言う相手と正面から取り組んでも徒労に終わる場合が多いです。

　度々、同様の皮肉が発せられるようであれば、その発言を録音し記録しておくのも一つの方法でしょう。

　皮肉だけではパワハラとしては軽いですが、他のパワハラと合わせれば、パワハラ常習者としての証拠になる事もありますので。

〇パワハラにしない為には：

　叱責の際に、叱責を受ける本人に留まらず、家族や友人の個の部分に触れない事です。例え、叱責する側が国立大学首席卒業、叱責を受ける側がレベルの低い高校を何とか卒業した学歴でも、それは関係ありません。

　仕事中に学歴を持ち出しても碌な事はありません。

ハラスメント

　冒頭の事例検討での回答と異なっているかも知れませんが、それはパワハラについて学んでいただいた結果のはずです。

　尚、以上７件の想定事案が発生するまでの経緯や背景までは記載しておりませんので、同様の事案が発生しても全てが筆者の見解と一致するとは限りません。

　　・行為者と受け手との日頃の関係性
　　・行為後の行為者の言動
　　・行為者の日頃の言動
　　・受け手の日頃の言動

　このような様々な要因でパワハラと受け止められたり、受け止められなかったりする事は多々有ります。

　「突然にこのような事態に直面したならば、あなたはどのように解釈するか」と捉えて頂ければ幸いです。

パワハラについて最後にひと言

消防に限らず公安職の世界は

　　・上意下達
　　・厳格な階級制度
　　・体育会的な雰囲気
　　・危険を伴う職務内容

　このような職場環境なので、上位者が絶対的な立場と成り易く、それがパワハラを生み易くしていると言えます。

ハラスメント

　また、指導する立場の者の熱意や厳しさが暴走してしまう例も少なくありません。

　だからと言ってパワハラが容認される訳ではありませんし、甘受する必要もありません。

　皆さんにとって大切なのは「指示命令や指導教育」と「横暴や虐め」を見分ける事です。

あなたもパワハラ加害者に

　皆さんはパワハラの加害者になる事にくらべれば、被害者になる可能性が高いです。

　しかし、パワハラの要件の中には**「優越的な関係を背景とした言動」**もあります。

　マスコミ等では「逆パワハラ」と称したりしていますが、これは「パワハラが上位者から下位者にだけ行われる行為」とのイメージが強かったり、勘違いされているからです。

　パワハラは職位が上だから優越的と言うだけでなく、人数が多ければ優越的になり得ると言う、即ち「皆さんもパワハラ加害者に成る可能性はある」と言うことです。

　また、上位者が他部署からの異動で業務に精通しておらず、業務に精通している者が下位者の場合も同様です。

　このように、職位や階級が下の者から、上の者へのパワハラも存在する点にも注意してください。

こんなことありました その4

　私も自分の部下が他部署の方に迷惑を掛けてしまった時に、その相手先の部署の長でもあるM次長に私自身が呼び出されて、皆の前で大きな声で叱責を受けました。挙げ句の果てに「お前の部下は給料ドロボーだ」とまで罵倒されました。

　自分の席に戻った時には悔しさで涙がこぼれ落ちていました。そして自分の上司に事の次第を報告しました。「何も皆の前で給料ドロボーとまで言う事は無いではないですか」と訴えもしましたが、上司の答えは「まぁ、あいつ（M次長）はそう言う奴だから、深く考えるな」でした。

　部下思いの良い上司とはお世辞にも言えない私でしたが、部下が罵倒されるのがこんなに悔しいものかと初めて自覚しました。

　それにしても、これはもう立派なパワハラです。今、騒げば社内でそれなりの対応もあったでしょう。

　そして、この話しは後刻談があります。

　悔しくて悔しくてどうしよもない思いを抱えたまま、気分転換でコーヒーでも飲もうと休憩室を兼ねた喫煙室へ入ったところ、件のM次長も入って来て、すぐさま「さっきは悪かったな」と言いながら、自販機でコーヒーを買って私に差し出してくれました。

　元々、私が現場の隊員を務めていた時に、M次長は無線を

共用していた他の支社の管理職でありながら私の事を「妙に元気がある奴」と気にかけてくださってました。

また、私が懲戒処分を受けた直後にお目にかかった時も「勲章貰って漸く一人前だから気にするな」と励ましてくれた方でした。

そんな、良好な人間関係が自然に醸成されていたからこそ、あっという間に問題が解決したのだと思います。

言動は悪いが面倒見は良い。そんな昭和の香りがする社員も結構残っている会社でした。

ハラスメント

III セクシャルハラスメント

　セクシャルハラスメント（以後、セクハラと称します）は、パワハラより前から法律で規制されておりますし、消防をはじめ公安職に留まらず官民の職場で多発しているハラスメントです。
　セクハラとパワハラは二大ハラスメントと言っても過言ではないでしょう。

　被害者になり易いのは職場で立場の弱い者。特に女性、中でも若年者ほど被害者になる傾向は高いと言えます。
　また、公安職の職場は女性不在の箇所も多かった為に「男性社会」の文化が定着してしまいました。
　そして、今も職場に女性が居ない組織や部署は少なくありませんから、職場で女性に配慮をする必要が無い為に「来年度から女性が配置される」「今日から女性が勤務する」と分かっても、なかなか従来の職場の風潮を変えるのは難しいでしょう。

　だからと言って、セクハラが許される訳ではありません。
　皆さんが被害者として甘んじる必要もありません。
　嫌な事はハッキリと「嫌です」と言いましょう。
　しかし、「嫌です」だけでは再発防止も難しいので「〇〇をされるのは、〇〇だから嫌です」と説明出来るようにした

ハラスメント

方が良いでしょう。

　例えば

　「私だけ呼ばれる時に、ちゃん付けで呼ばれるのは、子供
　　扱いされているようで嫌です」

　「休憩時間中でもアダルトビデオの内容を聞こえるように
　　話すのは、女性としては聞きたくない内容なので止めて
　　欲しいです」

　このように具体的な訴えの方が、言われた方も分かりやす
く、事後の対応もしやすいです。

　それでも行為が収まらなければ、セクハラとして上席者に
申告するべきでしょう。

セクハラの要件

厚生労働省による説明

　職場におけるハラスメントの防止のための「職場におけ
るセクシャルハラスメントについて」の項目によると、
男女雇用機会均等法においては

　1．職場において、労働者の意に反する性的な言動が行わ
　　れ、それを拒否したことで解雇、降格、減給などの不利
　　益を受けること

　　（対価型セクシュアルハラスメント）

　2．性的な言動が行われることで職場の環境が不快なもの
　　となったため、労働者の能力の発揮に大きな悪影響が生

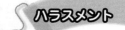

ハラスメント

じること
（環境型セクシュアルハラスメント）
をいいます。

● 事業主、上司、同僚に限らず、取引先、顧客、患者、学校における生徒などもセクシュアルハラスメントの行為者になり得るものであり、男性も女性も行為者にも被害者にもなり得るほか、異性に対するものだけではなく、同性に対するものも該当します。

● 職場におけるセクシュアルハラスメントは、相手の性的指向（※1）又は性自認（※2）にかかわらず、該当することがあり得ます。

「ホモ」「オカマ」「レズ」などを含む言動は、セクシュアルハラスメントの背景にもなり得ます。

また、性的性質を有する言動はセクシュアルハラスメントに該当します。

※1：人の恋愛・性愛がいずれの性別を対象とするか
※2：性別に関する自己意識

ハラスメント

人事院による説明

　人事院のホームページでのハラスメント防止の項目でセクシャル・ハラスメントの項によると、

① 他の者を不快にさせる職場における性的な言動
　・職員が他の職員を不快にさせること
　・職員がその職務に従事する際に接する職員以外の者を不快にさせること
　・職員以外の者が職員を不快にさせること

② 職員が他の職員を不快にさせる職場外における性的な言動
　●性的な言動の内容
　　　「性的な言動」とは、①性的な関心や欲求に基づくものをいい、②性別により役割を分担すべきとする意識に基づく言動、③性的指向や性自認に関する偏見に基づく言動も含まれます。
　●対象者の範囲
　　　セクハラは男性から女性に行われるものに限らず、女性から女性、女性から男性、男性から男性に対して行われるものも対象になります。
　●場所的・時間的な範囲
　　　職員間においては、場所・時間の限定はありません。「職員以外の者」との関係では「職場・勤務時間内（超過勤務時間も含みます）」に限られますが、「職

83

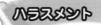

ハラスメント

場」とは「職務に従事する場所」をいい、庁舎内に限られません。
● 不快であるか否かの判断
　基本的に受け手が不快に感じるか否かによって判断します。（受け手の感じ方が不明でも、通常人が不快と感じるか否かで判断します。）

セクハラになり得る言動

セクハラになり得る言動として、例えば、次のようなものがあります。

1 　職場内外で起きやすいもの
(1)　性的な内容の発言関係
　ア　性的な関心、欲求に基づくもの
　　・スリーサイズを聞くなど身体的特徴を話題にすること。
　　・聞くに耐えない卑猥な冗談を交わすこと。
　　・体調が悪そうな女性に「今日は生理日か」、「もう更年期か」などと言うこと。
　　・性的な経験や性生活について質問すること。
　　・性的な噂を立てたり、性的なからかいの対象とすること。

　イ　性別により差別しようとする意識等に基づくもの
　　・「男のくせに根性がない」、「女には仕事を任せられない」、「女性は職場の花でありさえすればい

い」などと発言すること。

・「男の子、女の子」、「僕、坊や、お嬢さん」、「おじさん、おばさん」などと人格を認めないような呼び方をすること。

・性的指向や性自認をからかいやいじめの対象としたり、性的指向や性自認を本人の承諾なしに第三者に漏らしたりすること。

(2) 性的な行動関係

　ア　性的な関心、欲求に基づくもの

・ヌードポスター等を職場に貼ること。

・雑誌等の卑猥な写真・記事等をわざと見せたり、読んだりすること。

・身体を執拗ように眺め回すこと。

・食事やデートにしつこく誘うこと。

・性的な内容の電話をかけたり、性的な内容の手紙・Eメールを送ること。

・身体に不必要に接触すること。

・浴室や更衣室等をのぞき見すること。

　イ　性別により差別しようとする意識等に基づくもの

・女性であるというだけで職場でお茶くみ、掃除、私用等を強要すること。

ハラスメント

2 主に職場外において起こるもの

ア 性的な関心、欲求に基づくもの
・性的な関係を強要すること。

イ 性別により差別しようとする意識等に基づくもの
・カラオケでのデュエットを強要すること。
・酒席で、上司の側に座席を指定したり、お酌やチークダンス等を強要すること。

以上のとおりです。

具体例

「消防職員向けハラスメントの実態調査」における回答に記された具体的事例を、発言・身体の接触・強要・その他・視覚の５項目に分類にすると

１．発言
・容姿が悪いなど言われた。
・女性職員本人がいない場での女性職員についての身体的表現が不愉快。
・飲み会で不妊治療について聞かれた。
・お付き合いしている女性について職場や住んでいる地区を聞かれ、デートはしているか、性交渉はいつしたのか等聞かれた。
・交友関係や恋人関係などに対してかなりしつこく細かく

質問し、からかわれたり、言いふらされた。
- 今付き合っている人とのプライベートでの内容をしつこく聞かれる。
- ラインで、気軽にセクハラ発言をされた。
- 勤務時間外にメールや電話で好きだといわれる。

2．身体の接触
- いきなり抱きついてきた。
- 忘年会等の席で足や体を触られた。
- 飲み会の席で体を触られたり、キスを迫られた。
- 羽交い絞めにするなど、過度なスキンシップ

3．強要
- 女性職員との飲み会を設定するよう強要される。
- 必要以上に近づく、食事や飲みに誘う、性的関係を求める。
- 忘年会の帰りにキスや性的関係を求められ、走って逃げた。

4．その他
- 個人ID（私）でアダルトサイトの閲覧、表示。
- 女性更衣室への進入。
- 執拗に個室の部屋をのぞきたがる。女性が一人しかいない場において、セクハラについてのミーティングを行ない、意見を求められた。

ハラスメント

5. 視覚
- 男性の性器を出された。
- 卓上カレンダーの女優さんの服に胸を書いて置いている。

指導等とセクハラの違い

指導の上で相手の身体に触れる事が最低限度の程度であれば、社会通念上許される範囲でしょう。

ところが、指導とは言え必要を超えて相手の身体に触れていれば、セクハラとなる可能性はあります。

自分の欲望で相手の身体に触れていれば、セクハラとなる可能性は非常に高いです。

更に、相手が拒否しているにも関わらず、無理矢理に身体に触れれば、セクハラどころではなく犯罪となります。

では、必要の範囲とは何でしょうか？

状況に応じて変わりますし、その状況も千差万別ですので、文字化するのは難しいです。
- 指導内容を言語化するのが難しいか、相手に理解させ難い場合
- 姿勢等の修正で微調整させたい場合
- 口頭指導での理解が得られない場合

このような場合は、身体への接触もやむを得ないと思います。

ハラスメント

しかし、
・指1本触れる程度で済む内容に対して五指を使って触れる
・一瞬の接触で済む内容に対して時間を掛けて触れている
・触れる必要の無い部位を触れる
このような行為はセクハラと看做される可能性があります。

　姿勢の修正は身体に触れながらの口頭指導が効率的ではありますが、その際に不快感を抱く内容であれば、その指導者に直接申し入れるのが再発防止の早道でしょう。
　申し入れる事で、トラブルに発展する可能性を感じるならば、指導者の上司に相談をしてみるのが得策です。
　上司への相談に不安があるのであれば、同性の職員に打ち明けてみるのが良いと思います。
　これは、業務とは無関係な身体の接触でも同じですが、相手の接触方法が犯罪的だと思われるのならば、直接の申し入れよりも、上司へ訴えた方が良いです。
　我慢しての放置は加害者にとって好条件を与え、再発の要因と成ります。

ハラスメント

私は良くても他人から見たら

　繰り返しになりますが、社会には「第三者の目」があります。

　「自分が問題視しないし誰の迷惑にもなっていない」と思っているのは、自分である「あなた」だけで、周囲は困惑しているかも知れません。

　仮に「更衣室が狭くて使いにくい」からと、一般的な執務スペースで着替えをしたらどうなるでしょうか？

　目のやり場に困る人が出るかも知れません。

　もしも、誰も目のやり場にも困らないとしても、外来者の目にも止まるようなスペースで着替えをしたら、外部の方はどう受け止めるでしょうか？

　この事例はセクハラではありませんが、セクハラ同様の事案と理解してください。

こんなことありました その5

　今回は私の直接の体験ではないのですが…
　某消防本部でも、女性吏員の採用を行いました。勿論、更衣室や仮眠室等も女性専用の施設を設置しております。
　しかし、古い庁舎でもあり、余裕の無い施設状況でもあったので、更衣室も大きくなく、使い易い状況ではなかったそうです。
　その為に、女性吏員さんが執務室で着替えをしてしまうとのこと。
　当の女性吏員さんは

「私、別に気にしてませんから」

と、あっけらかんとされていたそうですが、目にしてしまう男性職員は目のやり場に困ったそうです。
　当の女性吏員さんには、きちんと説明をして、女性更衣室を使うように指導しましたが、皆さんはどう感じられましたか？

セクハラ事例検討

　セクハラについて学んでいただきました。

　そこで、本書の事例検討（7ページから16ページ）で検討した事例のうち、セクハラに当たると思われる事例を再度ここに挙げます。

　これらの事例がセクハラに当たるかもう一度検討してみて［あなたの見解］として、挙げてみてください。

　そして、セクハラに当たるならば

［理由等］として

　「何処のどのような行為がセクハラに当たるか」

　「どのような言動ならセクハラにならなかったか」
も挙げてみてください。

　逆にセクハラに当たらないならば

［理由等］として

　「何故セクハラとならないか」

　その理由を挙げてみてください。

　どちらともいえないなら、その理由を挙げてください。

　そして、ページをめくると事例に対する見解等が記されていますので、御自身のお考えと比較してみてください。

　尚、事例番号は比較し易いように7ページからの事例検討と同じにしてあります。

　また、ここでの検討事例はセクハラのみなので、パワハラ事例は53ページから75ページにて検討する為に欠番となっています。

1）放水訓練後に、異性の同僚から

「その姿勢ではダメ」

と、問題点のある身体の部分を触られて姿勢を矯正された

○あなたの見解：

　　セクハラに（なる・ならない・どちらともいえない）

○理由等：

_____
_____
_____
_____

ハラスメント

○筆者の見解：

セクハラに当たらないでしょう

○理由：

　姿勢に問題ある場合、その部位に対して手を使って矯正するのが効率的です。

　但し、必要最低限の接触に留めている場合に限ります。

　異性と設定したのは、現状では同性愛者よりも異性愛者の方の人数が多いとされているからです。

　よって、同性愛者による行為であるならば、同性が被害者となる可能性もあります。

　また、事例では同僚としましたが、上司や先輩、部下や後輩でも同様です。

○**セクハラにしない為には：**

　異性の身体に触れる行為はセクハラに繋がり易いので、必要最低限の接触とするか、可能であれば口頭指導に留めるのも一つの方法です。

　また、身体の触れる際に、突然ではなく、ひと言断ってから触れるのもセクハラ防止の一助となるでしょう。

6）食事中に、同僚から

　　「よく食べるね。そんなに食べたら太らない？」

と、言われた

〇あなたの見解：
　セクハラに（なる・ならない・どちらともいえない）

〇理由等：

_____
_____
_____
_____

○筆者の見解

 セクハラに当たるでしょう

○理由

　食欲は人それぞれ。それをからかうだけならハラスメントに当たりませんが、そこに体型を絡めてしまうと、
・身体的特徴を話題にする
に該当し、セクハラに至る可能性が高くなります。
　また、事例では同僚としましたが、上司や先輩、部下や後輩でも同様です。

○被害に遭わない為には：

　その発言がセクハラだと感じたならば、いきなり注意をするのではなく、周囲の信頼出来る人に発言者の特徴等を尋ねてみると良いでしょう。
　そして、再度そのような事があれば「そう言う発言はセクハラになっちゃいますよ」と、軽く注意を促してみるのも、一つの方法です。
　この発言により、相手は「こう言う発言はセクハラと受け取られるのか」とか「あの人はセクハラに関して敏感だから注意しよう」と受け止めてもらえる可能性はあります。
　勿論、相手次第ではありますので「たかがあの程度でセクハラとは生意気だ」と反感を買う可能性も秘めています

ので、発言者の事を事前に確かめておくのが得策なのです。
　ハラスメントの常習者であるならば、本人への注意ではなく、上司への相談の方が効果的な場合もあります。

〇セクハラにしない為には：
　　食べ過ぎを注意するならば、
「カロリーに気を付けた方が良いよ」
とか
「消化不良に気を付けて」
に留めておくのが無難でしょう。

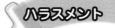

ハラスメント

ちょっと一言

今から40年くらい前でしょうか、アメリカでは

「太っている人は昇進出来ない」

と言われてました。
　それは

「自分で体重をコントロール出来ない者が、仕事や部下をコントロール出来る訳がない」

と認識されていたからです。
　日本では、そのような風潮は生まれませんでしたが、アメリカ式のビジネスを重用される方には、体重に関する認識も及んでいたかも知れません。
　しかし、体調管理は個人レベルだけでなく、職場全体でも意識する必要はありますが、体重に関しては生活習慣病を招かないように本人が気を付けることですし、健康診断で要注意の判定が出ても、それを周囲があまり責めたりするものではありません。
　まして、事例6）のような露骨に「太る」と言うような単語を持ち出しすと、無用なトラブルを招くだけなので、「『太る』はNGワード」と認識しても問題無いと思います。

ハラスメント

7）広報チラシを製作中に、異性の先輩から

「お疲れのようだね」

と、いきなり首や肩をマッサージされた

○あなたの見解：
　セクハラに（なる・ならない・どちらともいえない）

○理由等：

_____
_____
_____
_____

ハラスメント

○筆者の見解：

 セクハラに当たるでしょう

○理由：

　労いたい気持ちから疲れを取る為に好意としてマッサージをしたいとしても
・身体に不必要に接触すること
に該当するので、セクハラとなる可能性は非常に高いです。

　異性と設定したのは、現状では同性愛者よりも異性愛者の方の人数が多いとされているからです。

　よって、同性愛者による行為であるならば、同性が被害者となる可能性もあります。

○被害に遭わない為には：

　マッサージをされる、またはマッサージをされそうになって不快感を抱いたならば、「マッサージして頂かなくて大丈夫ですから」と断りましょう。

　後刻でも後日でも再発するようであれば「私はマッサージされるのが不得意なので」と断ります。

　それでも再発するのであれば、上司に相談をするべきです。

　放置しておくと、相手は都合良く解釈して被害が拡大する可能性が高いです。

ハラスメント

○セクハラにしない為には：

　例え本心から労いの気持ちがあったとしても、異性の身体に触れるのは誤解を招きます。

　そして、労いの気持ちからマッサージしたのか、下心があってのマッサージかは行為者にしか分かりません。

　相手から「セクハラだ」と訴えられてしまえば、行為者自身に下心が無いことを証明するのは難しいでしょう。

　真に労いの気持ちからの行為だとしても、異性の身体に不用意に触れるのは避けるのが得策です。

ハラスメント

　冒頭の事例検討での回答と異なっているかも知れません
が、それはセクハラについて学んでいただいた結果のはずで
す。
　尚、以上３件の想定事案が発生するまでの経緯や背景まで
は記載しておりませんので、同様の事案が発生しても全てが
筆者の見解と一致するとは限りません。
　　・行為者と受け手との日頃の関係性
　　・行為後の行為者の言動
　　・行為者の日頃の言動
　　・受け手の日頃の言動
　このような様々な要因でセクハラと受け止められたり、受
け止められなかったりする事は多々有ります。
　「突然にこのような事態に直面したならば、あなたはどの
ように解釈するか」と捉えて頂ければ幸いです。

セクハラについて最後にひと言

　男性社会や男性社会だった職場に入られた皆さんはパワハ
ラと違いセクハラの加害者になる可能性は十分に有ります。
　しかも、過去には異性に対してのセクハラしか有りません
でしたが、同性愛についても社会的に容認されるようになれ
ば、同性へのセクハラも成立する事になります。それは男性
職員だけでなく、女性職員であっても同じことです。
　中学や高校とか専門学校や大学では「友達だから」「後輩だ
から」と他者への身体にも気軽に触れていたかも知れません。

ハラスメント

　しかし、職場は学校と違いますので、身体への接触が「セクハラ」となる可能性が有る事を十分に認識してください。

　そして、パワハラと異なり、加害者が優越的な関係を背景にしているかは問いません。要するに立場とは無関係に発生する点に改めて気をつけてください。

　それと、もう一つ…

セクハラを避けてパワハラに？

「一人しか居ない女性を飲みに誘うとセクハラ扱いされそうだから誘うのは止めよう」

　確かに酒席となると酔った勢いでセクハラとなる言動も発生し易いかも知れませんし、それを気にして飲み続けるのは楽しくないと思うのも当然でしょう。

　しかし、それはパワハラ6類型の一つである「人間関係からの切り離し」に該当する可能性もありますので、気を付けてください。

こんなことありました その6

　筆者の警備会社員時代、最初の部署は機械警備のパトロール隊員。基本は24時間勤務でのシフト編成。警報の受信や出動依頼があれば、原則一人で現場へ急行する仕事です。その為に女性隊員の居ない、まさに「男性社会」でした。

　その後に、指令センターと言う警報受信やお客様からの出動依頼を受け、パトロール隊員に指示する指令員になりました。こちらも、今は日勤帯で女性が配置されているようですが、当時は基本24時間勤務でのシフト編成でしたので、やはり女性社員の居ない「男性社会」でした。

　常駐警備ですと受付要員等で女性警備員の配置もありますが、機械警備の制服組は男性警備員のみで構成されていました。

　これが管理業務を行う本部ですと、事務職の女性社員が勤務しているのですが、それでも男性の本部員は警備員が多いです。しかも機械警備畑出身者が殆どなので、女性社員に対する接し方に慣れていない者もおり、今でいうセクハラに近い事案も散見されました。

　筆者も女性社員の多い本部の事務部門に異動となりましたが、転職前の職場では女性職員と勤務する世界だったので、セクハラを起こす事なく勤務出来ました。

ハラスメント

Ⅳ▸ハラスメントとは何か

　今、世の中では「ハラスメント」と言う単語が氾濫し、一人歩きをしている感があります。
　では、本来のハラスメントとは何なのでしょうか？
　改めて、ここで考えてみたいと思います。

外では無問題、中では問題

パワハラならば…

　あなたがコンビニで買い物をして会計待ちの列に並んでいたとします。昼休みもあと２分で終わろうとしています。そんな時に前のお客様が支払いの段になって「財布を何処にしまったのだろう」「ポイントカードが見つからない」「お釣りが出ないように丁度の小銭を出したいけど見つからない」こんな事で手間を取っていたので、「グズグズしないでさっと払えよ。グズ」と呟いてしまうかも知れません。それが相手の耳に入ったとしても、トラブルにはなっても、発言自体は何の犯罪にもなりません。
　ところが、急ぎの書類作成を部下に任せたところ、段取りや手際の悪さでなかなか完成しない為に「さっさと書類上げろよ、グズ」と呟いてしまい、それが部下の耳に入ってしまえば、パワハラになってしまうかも知れません。

それでは、こんな行動はどうでしょうか？

　あなたがコンビニで買い物をして会計待ちの列に並んでいたとします。昼休みもあと２分で終わろうとしています。そんな時に前のお客様が支払いの段になって「財布を何処にしまったのだろう」「ポイントカードが見つからない」「お釣りが出ないように丁度の小銭を出したいけど見つからない」こんな事で手間を取っていたので、「遅いんだよ」と相手の頭を叩いてしまいました。そんな事をしたら、暴力行為で警察沙汰になるでしょうし、最悪起訴されて有罪となる可能性も秘めています。

　急ぎの書類作成を部下に任せたところ、段取りや手際の悪さでなかなか完成しない為に「遅いんだよ」と部下の頭を叩いてしまいました。職場の外だろうが中だろうが、警察に通報されれば事件化される可能性はありますので、これはパワハラの域を超えた、暴力事案と言えましょう。

ハラスメント

セクハラならば…

　あなたが街中で歩いている時に、向かいから大きな胸の女性が歩いて来た際に、「色っぽいバストだ」と女性に聞こえるように言ってしまったとしても、これで罪に問われる事はないでしょう。

　しかし、職場で女性に対して「色っぽいバストだ」と聞こえるように言ってしまったら、セクハラになってしまうでしょう。

それでは、こんな行動はどうでしょうか？

　あなたが街中で歩いている時に、向かいから大きな胸の女性が歩いて来た際に、その女性の胸を鷲掴みにしたならば迷惑防止条例や婦女暴行の罪で警察沙汰になるでしょうし、最悪起訴されて有罪となる可能性も秘めています。

　職場で女性の胸を鷲掴みにしたならば、職場の外だろうが中だろうが、警察に通報されれば事件化される可能性はありますので、これはセクハラの域を超えた、猥褻事案と言えましょう。

107

これがハラスメント

　このように職場の外でなら問題にならないですが、職場の中ならば問題となる言動がパワハラやセクハラであり、職場の外で警察沙汰になるような言動は、最早ハラスメントではありません。

ハラスメント。特に消防や公安職で発生しがちなパワハラとセクハラを中心に説明させて頂きました。
それでは、ハラスメントが抱える別の問題について、説明を致します。

もう一つのハラスメント問題

もう一つのハラスメント問題

［防ごう 負のスパイラル］

《ハラスメント萎縮による負のスパイラルを作らせない》

　近年ではハラスメント加害についても報道されたり、懲戒処分となり易くなっており、指導監督する立場の上司や先輩も「自らの言動がハラスメントにならないだろうか？」と意識してしまうと、どうなるのでしょうか？

　34ページにも掲載しましたが、ここで詳しく説明致します。

上司や先輩を萎縮させてしまう

　ハラスメントを恐れるあまり萎縮してしまうことで、厳しい指導や教育を控えてしまいます。

　厳しい指導や教育をしなければ、ハラスメントの加害者になる心配も無いからです。

満足な指導が出来ない

　本来は厳しく指導や教育するべき場であっても、「ハラスメント防止」が念頭に有るあまり厳しい指導や教育が憚られる雰囲気が生まれてしまい、手緩い指導や教育となっている可能性があります。

もう一つのハラスメント問題

未完成のまま成長してしまう

　過去には厳しい指導や教育により覚えられた内容も、手緩い指導や教育により「うろ覚え」「勘違い」「間違い」どころか「忘却」してしまうかも知れません。

　どちらにしても、消防活動をする上で問題なのは間違いありません。

不完全な先輩や上司になる

　知識が不足したままであれば、そこに積み上げられた経験も不完全なものになります。

　その状態でもいつかは先輩となり上司となれば、指導監督する側になるのです。

良き指導者になれない

　知識不足、経験不足のまま成長して「良い指導者」と成れるでしょうか？

　答えは一つです。

　そのような指導者の下で指導や教育を受けた者は、どうなってしまうでしょうか？

　その答えも一つです。

もう一つのハラスメント問題

失敗や事故が起き易くなる

　正しい知識や技能を身につけていなければ、訓練や活動現場でミスやそれが原因による受傷事故が起き易くなるでしょう。

　事務作業でのミスでは受傷事故は起きませんが、誤った書類作成により大きな問題を発生させてしまうかも知れません。

どんなミスも犯した者が責任を取る

　上司や先輩の指導や教育が手緩い結果によるミスだとしても、それはミスの言い訳になりません。

　きちんと覚えなかった当人の問題にされるだけです。

　もしも、受傷事故に至ってしまったとしても、痛い思いをするのも当人なのです。

　上司や先輩がハラスメントへの萎縮に伴う手緩い指導や教育は、教わる者の知識や技能不足を招き、それが要因となってミスの温床と成り易くなり、それは次々と知識技能の足りない後進を作ってしまう、非常に恐ろしい負のスパイラルとなるのです。

　だから「ハラスメントをして良い」とは申しません。

　しかし、何でも「ハラスメントだ」と声高に叫ぶ事は、叫んでいる本人の為にも成らない事を理解して欲しいと思います。

もう一つのハラスメント問題

ハラスメントと犯罪の違い

虐めはハラスメントではない、犯罪である

報道等で「パワハラ」と報じられている中で、内容からすると明らかに「虐め」や「暴行傷害」の事案も含まれています。

これは「セクハラ」でも同様で「痴漢」や「婦女暴行」の事案も含まれている例が少なくありません。

それでは、どうして「パワハラ」「セクハラ」と報じられてしまうのでしょうか？

私は「○○ハラスメント」が言葉として流行っている為、マスコミは「○○ハラ」と報じた方が「○○で暴力事件」「○○で痴漢」と表現するより簡単に読者や視聴者からの耳目を集め易いからだと考えています。

だから、皆さんが被害を受けた時にも「ハラスメント」なのか、それより悪質性の高い「犯罪」なのかを見極める必要があります。

理不尽な暴行を受けたのに「ハラスメント」と軽く扱われて我慢する必要はありません。

但し、組織防衛の為に事案を敢えて軽く公表する場合もあることは御理解ください。

皆さんの勤務先が「悪質な行為が行われている」とか「犯罪の温床」と周囲に誤解されてしまうと、その組織の信頼度が低下してしまい、個々の職員の信頼度も低下する可能性が

もう一つのハラスメント問題

あるからです。

市民が「管内の消防本部の救急隊は信用ならないから隣町の消防本部の救急車を呼ぼう」なんて出来ませんし、消防本部としても「嫌なら他の消防本部を当たってくれ」とも言えません。

そこが官公庁と民間企業との大きな違いでしょう。

市民も行政機関もお互いに相手を選ぶ事は出来ないからこそ、行政は市民からの信頼を損ねてはならないのです。

被害を受けたら我慢は不要

虐めは犯罪です。

虐めを受けるのは恥ずかしい事ではありません。

誰かを虐める事が悪であり、虐められる被害者が小さくなる必要なんて無いのです。

被害を受けたならば、我慢をせずに加害者以外の上席者に報告をしましょう。

あなた一人が被害者とは限りません。

一人の報告から、我慢していた人や怯えていた人が救われる事もあります。

114

もう一つのハラスメント問題

ハラスメントを受けたら

一人で抱え込まない

「ハラスメントを受けたなんて恥ずかしい」

そんな思いを抱くかも知れません。

だから、知らない人になんて相談したくないのも当然でしょう。

しかしながら、一人で抱え込んでしまうと、思考が空回りをしたりして解決策が見つからないどころか、更なる被害を受けてしまい、心身共に大きな障害を残してしまうかも知れません。

そして、一人で抱え込む事は、ハラスメント加害者の思う壺とも言えます。

相談しよう

ハラスメントの被害を受けたならば、それを一人で抱え込む事はありません。

同僚でも友人でも家族でも構いません。

恥ずかしいかもしれませんが、思い切って打ち明けてみましょう。

「三人寄れば文殊の知恵」とも言われているとおり、複数の人が知恵を出し合う事は、大きな成果を期待出来ます。

家族に相談なら、身近ですし、喫茶店や居酒屋で相談する

115

もう一つのハラスメント問題

必要もないので費用もかかりません。

　また、消防学校の同期生なら、仕事の内容も分かり会えるので、話しも通じ易いと思います。

　公安職の方ならば、警察学校とか海上保安学校や自衛隊の教育機関等で同期生がいらっしゃると思います。

　万が一、メンタルヘルス不調に陥っているならば、精神科や心療内科での受診や、産業カウンセラー等の心理職への相談をお勧めします。

相談を受けたら

　逆にあなたが同僚や同期生、友人から相談を受けるかも知れません。

　そんな時は「傾聴技法」を取り入れて聴いてあげるのが良いと思います。

　傾聴技法も簡単な技から難しい技まで、いろいろ有りますが、誰でも出来る簡単な技を紹介致します。

・肯定的に聴く

　「自分の考えを否定して欲しい」との思いで相談を持ち掛ける人はいないです。

　だから、「そんな馬鹿な」とか「お前が悪い」と思っても、先ずは相手の話を聴いてみましょう。

　相手は「自分を受け入れて貰えている」と感じて、話し易い環境が生まれます。

　その時に先入観を持ったままだと肯定的には聴けませ

んので、一旦は御自身の相手への先入観を消してみてください。

・頷きや相槌をする

　単に話しを聴いて貰うだけでも、相手は満足してくれるかも知れません。

　しかし、そこに「うんうん」等と頷きを入れたり、「そうだよね」等と相槌を打つ事で、相手は「自分の話しを聴いて貰えている」との実感が湧き、更に話し易い環境が育まれます。

　もしかすると、最初は軽い話から始まったものの、本当に話したい事を話してくれるかも知れません。

このような簡単な傾聴技法でも効果はあります。

そして、この技法は日常会話でも効果はありますので、誰かに話しかけられた時に早速使ってみてください。

こんなことありました その7

　傾聴技法に関して、筆者は産業カウンセラー養成講座にて初めて知りました。

　産業カウンセラーは家族に対してカウンセリングは出来ないのですが、傾聴は家族にも使えるとの事で試したみたところ、家人から「きちんと話しを聴いてくれているけど、どうしたの？」と尋ねられてしまう有り様でした。

　それまでも、家人の話しを聴いているつもりではありましたが、どこかで聴く姿勢が出来ていなかったからこその質問だったのでしょう。

　少しだけ反省しました。

ハラスメントを防ぐのは当然のことですが、ハラスメントを完全には防ぎきれないのが現実問題です。
だからこそ、現実問題として「ハラスメントの被害者にならない為」には、どうしたらよいのでしょうか？

最後に

最後に

ハラスメントは起こらないようにするべき

　当然のことなのです。
　でも簡単には無くならないでしょう。
　なぜなら、人の価値観はそれぞれ違い、その価値観の違う者が集まり社会を構成しているからです。
　しかし、
「消防（公安職）だから指導の上での暴力は当たり前」
「男社会だから（だったから）下ネタは当たり前」
「今まで当たり前の言動を今さらパワハラ・セクハラと言われても無理」
ではありませんし、先輩や上司がハラスメントの要因だからと「ハラスメントも止む無し」と諦めないでください。
　こんな事を通用させていたら、いつまで経っても健全な職場は作れません。
　不健全な職場に真っ当な人なんて就職もしません。
　そうなると不健全のスパイラルが発生して、最悪な職場環境となります。
　そして、あなた自身がハラスメントの被害者になって心身を悪くしてしまうか、ハラスメントやそれ以上の加害者と成って、懲戒処分や刑事罰を受ける可能性もあります。
　ハラスメントや犯罪を容認しない職場作りは、組織だけでも、幹部だけでもありません。
　皆さん一人ひとりが積極的に関わる事で、ハラスメントの無い職場環境は作られるのです。

最後に

ハラスメントは何処でも起きる

　先に述べたように、人の価値観はそれぞれ違います。その価値観の違う人が複数集まり社会は構成されているので、社会とは「価値観の相違の集大成」とも言えます。

　だから「自分は問題無い」と思っての言動だとしても、相手にとっては「問題有り」という案件も少なくありません。

　その一つがハラスメントでしょう。

　「問題は有る」と認識しての行為は、ハラスメントの日本語訳「嫌がらせ」ではなく、それはもう「犯罪」の域に達しています。

　学校生活を送っているうちはハラスメントと無縁であっても、社会人となれば「何時ハラスメントの被害者や加害者になってもおかしくない世界」に入ってしまったと言えます。

ハラスメントに遭わないようにするには

　これもまた、非常に難しい案件です。

　価値観の相違で発生するハラスメントであれば、相手に悪意が無い場合は防ぎようがありません。

　そして、無為無策のままハラスメントが我が身に降りかかるのを、ひたすら待つばかりだけでは予防としては情けないです。

　しかし、先輩や上司に「ハラスメントをしないでください」とお願いするのも僭越と言えましょう。

121

最後に

　セクハラについては、ほぼ相手の言動次第なので、対症療法的に発生の度に再発防止を図るしかありません。

　ところが、パワハラについてはある程度の予防策があります。

　それは

1．ミスをしない

　(1)　予習復習をしておく

　　　予習にて不明点を減らし、復習で理解度を高める事でミス予防になりますが、自身の知識をひけらかすと逆効果になりがちなので注意してください

　(2)　不明点をそのままにせず、勉強や質問をして不明点を解消する

　　　不明点をそのままにしておいても解決策にはなり難く、不明点が解決しないと、ミスや事故に至る可能性が高くなります

　(3)　教わった事をメモ等の記録として残し、機会ある毎に読み返す

　　　メモを取る事で覚え、読み返す事で認識違いを発見したり、理解度を高められます

2．礼儀正しくする

　(1)　自分から率先して大きな声で挨拶をする

　　　挨拶はコミュニケーションの入口です

　(2)　返事をする

　　　呼ばれた時・指示命令を受けた時・指導や説明を

受けた時に相手はあなたが分かっているのかを、あなたの返事で判断します

(3) 素早く対応する

　「キリの良い所までやってから」と自分中心に考えるのではなく、先輩や上司の指示に対し優先度を考慮しながら迅速に対応しましょう

(4) 誤りに対しては言い訳をする前に謝罪する

　自分の落ち度の低さを釈明したい気持ちも理解出来ますが「自分は120％間違えていない」と絶対的な確信を持てない時以外は先ず謝ってしまいましょう

　これらの事を実行していれば、先輩や上司から憎まれる可能性は低くなります。

　相手からの好感度が高ければ、パワハラの発生率は低く抑えられます。

ハラスメントは今そこにある危機

　採用されて、消防学校に入校される方もいらっしゃれば、都合により配属先でいきなりOJTを受ける方もいらっしゃるでしょう。

　「消防学校なら職場と違って、学校だからハラスメントを受けない」なんて事はありません。

　教官は小学校や中学校の教員のような教育のプロではなく、素人をプロにする為の要員に過ぎません。

最後に

　だから、児童心理のような知見を持って学生と接するわけではありませんし、ベテランの消防吏員が教官を務めるのですから、現場での厳しさも学生に教育しなければなりません。その為に厳しい態度で臨む事もあるでしょう。

　外の社会では無縁な厳しい訓練をさせたり、ミスをすれば罵声を浴びさせたりもします。

　それは災害活動現場には多くの危険が存在しているからです。

　災害活動現場で受傷事故を起こさず、要救助者を無事に収容し、医療機関へ搬送する為には、中途半端な知識や気持ちでは無理なのです。

　これは他の公安職の初任教育でも、任務を無事に遂行する為の教育ですから同様です。

　職場でのOJTでも「新人だからお客様扱いだろう」なんて甘い事はありません。正規の公務員となって税金から賃金が支払われているのですから、厳しい指導や教育があって当然です。

　「命を助け守る仕事」とは「自分自身の安全も確保する仕事」なのです。

選ばれたあなただからこそ

　採用試験に合格された陰には、採用されなかった方もいると思います。

　試験に合格されたのは「あなたなら、きっとやり遂げてく

最後に

れる」との思いが採用側に有ったからです。

　だからこそ、なんでも「ハラスメントだ」と感じたり、「ハラスメントを受けても何も対処してくれないなら退職してやる」ではなく、「相手は何故そのような言動に至った」のかを少しだけでも考えて欲しいと思います。

　それでも納得出来なければ、同期生とか友人や家族に相談して、そこから答えを導き出しても遅くはないと思います。

こんなことありました

　某団体にて勤務をしておりました時に、先輩から「松川ちゃんは仕事はミスるけど挨拶はしっかりしてるからな」と、仕事でミスを犯してもお目玉を喰らうのをよく逃れてました。

　また、警備会社員時代にはパワハラで有名な偉い人が何人も居ましたが、そんな偉い人が私の事業部に着任されたり、事業所への訪問で遭遇した時には、すぐに元気な挨拶をしていました。

　そのお陰でしょうか、そんな偉い人から虐められないどころか目を掛けてもらえたので、社員としては大変助かりました。

あとがき

　現在は産業カウンセラーとしてメンタルヘルスに関する仕事をしておりますが、その源流は前職の警備会社で人事労務の仕事をしている時に自社の社員と接する機会が多く、特に警備業務で最前線に出ている社員の中にはメンタルヘルス不調に陥る者が散見され、そのような社員に手を差し伸べたく産業カウンセラーの資格を取得した事にあります。

　また、その警備会社で当初は警備員として勤務をしておりましたので、現場の勤務環境も理解しておりましたし、制服着用の階級社会も実際に経験しております。

　更に、消防団員を務めていた時も、消防少年団の指導者を務めている今も、積極的に活動する事で消防職員の方と接する場面も多くなり、消防職員の方と会話する機会も増え、「消防の世界も理解している」と自負できるようになりました。

　そんな私も社会人としてパワハラを受けた経験が有ります。

　このような背景で、産業カウンセラーとしてパワハラ事案が発生した消防本部での講演を依頼された事から、本格的にハラスメントに関する研修講師を始めました。

　そして、講演先で消防長をはじめ幹部や管理部門、現場の方と話しをしていると「パワハラの加害者に成りはしないかと危惧し、指導が思うようにできない」「パワハラを恐れて叱責が及び腰になってしまう」との声を各地で耳にするようになりました。

　また、さまざまな展示会で消防吏員の方々と会話をすると、特に中堅吏員の方から「パワハラとならないように配慮するあまり、訓練で思い切った指導ができない」との声を多く頂きました。

この声を活かすためには、指導側の啓発も大切ですが、それと併せて受ける側の啓発も必要ではないかと考え、或る消防本部様にて新規採用者を対象としたハラスメント研修を実施させて頂きました。

　その結果、受講者から
「消防の世界でパワハラについて気になっていたので理解できた」
「ハラスメントとは何かが分かった」
との声を頂き、また一年後の離職者が皆無であった事から、新規採用者へのハラスメント研修の有効性を確信致しました。

　この経緯を御存知の株式会社近代消防社の代表取締役である三ツ井栄志様から「折角だから本にしてみませんか」とのお声がけを賜り、執筆を致しました。

　この本が、ハラスメントとは何かを理解し、ハラスメント被害防止の一助となれば幸いです。

　最後になりましたが、この本を作るにあたり近代消防社の三ツ井様や近代消防編集長の江澤様をはじめ近代消防社の皆様のお力添えに感謝致します。

　また、読者視点で内容確認をしてくれた妻の春美にも感謝しております。

　更に、表紙や中扉、文字だけでは解り難い事例検討で、筆者の言葉足らずな指定にも関わらず見事に臨場感溢れるイラストを描いてくださった上に、随所で適切なアドバイスを与えてくださいました高橋清之先生には厚く御礼申し上げます。

令和6年9月吉日
松川　浩己